VOCABULAIRE
DU BERRY

PAR

UN AMATEUR DU VIEUX LANGAGE.

PRÉFACE DE LA DEUXIÈME ÉDITION

Lue dans la Séance de la Société de l'Indre,

TENUE LE 1ᵉʳ MAI 1854.

PARIS

IMPRIMERIE ET LIBRAIRIE CENTRALES DES CHEMINS DE FER
DE NAPOLÉON CHAIX ET Cⁱᵉ
RUE BERGÈRE, 20, PRÈS DU BOULEVARD MONTMARTRE.

1854

VOCABULAIRE
DU BERRY

PAR

UN AMATEUR DU VIEUX LANGAGE.

PRÉFACE DE LA DEUXIÈME ÉDITION [1]

TENUE LE 1ᵉʳ MAI 1854.

Il n'y a pas de collection qui soit à dédaigner si elle est bien faite : tôt ou tard elle trouvera sa place et son emploi dans l'art ou dans la science. Le collecteur peut n'être qu'un simple ouvrier ; des mains plus habiles mettront un jour en œuvre le fruit de son labeur ; les pierres qu'il a dégrossies entreront dans la construction de quelque édifice digne d'attirer les regards. Il n'y a pas non plus d'étude qui soit petite, quand on l'aborde avec un esprit philosophique. A tous les degrés de l'échelle des connaissances humaines, une découverte utile, d'une application étendue, peut, au moment où

(1) La première édition a paru, en 1842, chez Roret, libraire-éditeur, rue Hautefeuille, nº 8 bis.
(2) Le siége de la Société est à Paris, rue Bergère, nº 20, dans le salon que M. Chaix, imprimeur, l'un de ses membres, a libéralement ouvert à ses collègues.

l'on s'y attend le moins, résulter d'une bonne observation. *Cui bono ?* à quoi bon? n'est que la devise des ignorants, a dit Linné, dont le génie sut embrasser les productions de la nature, à la fois dans leur ensemble et dans leurs détails.

C'est ordinairement par degrés que se forme le goût d'une étude quelconque. La simple curiosité arrête d'abord vos pas ; les points de comparaison ne tardent pas à se multiplier, de nouvelles perspectives s'ouvrent alors ; l'horizon s'étend, et avec lui l'intensité de la vue, l'ardeur de la découverte. C'est ainsi que, dès notre jeunesse, nous nous sommes engagé dans le domaine de la botanique. D'abord quelques fleurs cueillies sur le bord d'un sentier nous ont charmé par leurs formes gracieuses, leurs riantes couleurs ; puis d'autres ; puis la formation d'un petit herbier s'en est suivie ; puis enfin nous nous sommes senti entraîné, et pour la vie, sur les pas des maîtres de la science.

Il en a été à peu près de même pour nos recherches sur la vieille langue française telle qu'elle se parle encore dans notre Berry. En parcourant nos campagnes, notre oreille avait été séduite par quelques expressions originales, écho lointain de Montaigne ou de Rabelais, et nous les avions notées. Notre attention, une fois éveillée sur ce sujet, n'est plus restée oisive ; les coutumes et les mœurs, l'histoire elle-même (1) se réflétaient pour nous dans le langage par des rapprochements inattendus ; nous avions surtout reconnu l'importance que, suivant le conseil judicieux de Ducange (2), il convient d'accorder aux idiomes provinciaux, si l'on veut arriver à une connaissance approfondie de la langue elle-même. Aussi l'A-

---

(1) Nous avions un bon guide dans cette voie, l'auteur de *l'Histoire du Berry*, M. Raynal, avocat général, alors à la Cour royale de Bourges, aujourd'hui à la Cour de cassation.

(2) « *Qui igitur linguarum vulgarium etymologias inquirit, peculiaria provinciarum idiomata bene noscat, necesse est.* »

cadémie française n'a-t-elle pas cru déroger en couronnant le poëte Jasmin (1). L'idiome languedocien l'emporte sans doute sur le nôtre à plusieurs égards ; nos fruits n'ont pas la saveur de ceux du Midi, mais ils ont aussi leur coloris et leur parfum. Nos provinces du Centre, et le Berry en particulier, ont gardé dans leur langage l'empreinte intéressante aussi du vieil esprit gaulois et de la véritable langue française telle qu'elle est sortie du xvi⁰ siècle, toute préparée à recevoir la dernière perfection sous la main des grands écrivains du xvii⁰ (2). Hâtons-nous, disions-nous ailleurs, de recueillir ces vestiges ; ce sont des espèces encore vivantes qui passeront bientôt à l'état fossile, des fragments détachés de la roche primitive par les révolutions du sol ; ils conservent encore quelques-uns de leurs caractères ; leurs angles ne sont pas tous émoussés par le frottement ; bientôt la vague incessante de la civilisation européenne en aura fait une poussière sans nom : que chacun de ces fragments ait désormais son étiquette, sa place marquée dans nos musées.

Le Vocabulaire du Berry était né : toutes les circonstances au milieu desquelles nous étions placé lui avaient fourni un aliment. La politique elle-même, cette maîtresse pourtant si jalouse, ne nous en avait pas détourné. Souvent une tournée électorale était devenue pour nous très-productive dans la double acception de l'expression latine *voces*, qui signifie à la fois des mots et des suffrages. La ville et la campagne, la

---

(1) *Las Papillotos de Jasmin,* coiffeur, chevalier de la Légion-d'Honneur, membre des académies d'Agen, de Bordeaux, etc., — 1843-1851. — Agen, imprimerie de Prosper Noubel. — 1851.

(2) « Sous le ciel gris de la France du Nord s'était formé l'esprit gau
» lois, mélange de bon sens et de malice, manquant peut-être d'idéal et
» d'éclat, et pour lui servir d'expression, une langue un peu sourde, mais
» nette, *signifiante* et communicative. »

(*De l'Influence de l'Italie sur les lettres françaises,* ouvrage de
M. Rathery, couronné en 1852 par l'Académie française, page 8.)

ferme et l'atelier nous avaient apporté leur contingent; les audiences des tribunaux nous avaient été aussi très-profitables, non pas, grâces à Dieu, que nous ayons eu beaucoup de procès à suivre pour notre compte, mais à cause du concours de toutes les conditions, s'exprimant le plus souvent dans l'idiome local avec toute la verve de l'intérêt personnel. De même que les botanistes recherchent de préférence ce qu'ils appellent les bonnes localités, c'est-à-dire les plus abondantes en plantes à citer, nous recommandons surtout aux collecteurs du vocabulaire les modestes prétoires de nos justices de paix. Les foires et les marchés ont fourni aussi à notre usage d'abondantes provisions. Le grammairien Dumarsais disait qu'il se faisait plus de figures de rhétorique un jour de marché à la Halle qu'il ne s'en fait en plusieurs jours d'assemblées académiques : nous avons été frappé aussi, dans les mêmes occasions, de l'abondance des tropes berrichons.

Mais c'est dans la fréquentation habituelle des habitants de la campagne que nous avons le plus appris. Que de fois nous nous sommes plu à faire jaser le laboureur, le vacher, le berger, afin de pouvoir saisir au passage les objets de notre étude! et presque toujours notre patience a été récompensée. Seulement nous avertissons nos imitateurs que s'ils veulent obtenir beaucoup dans ces sortes de communications, il faut se garder de rien demander. Si votre interlocuteur vient à s'apercevoir que vous l'observez comme un objet curieux, il se met sur la défensive, l'oracle devient muet. Heureuses années celles où une bienveillance mutuelle adoucissait, ennoblissait encore nos rapports avec nos concitoyens de la campagne! Elles furent suivies, nous l'avouons, d'une période de découragement; c'était à cette époque néfaste où tout sembla perdu en France. Des préoccupations d'un tout autre genre assiégeaient notre pensée : une lueur sinistre s'était répandue sur l'horizon dans l'année de la disette; l'orage de

1848 avait éclaté, et notre Berry, naguères si tranquille, était dévasté; nous ne le reconnaissions plus. Partout la défiance et la haine; un nouveau genre de choléra morbus, le *morbus democraticus* (1), avait envahi nos campagnes, qui semblèrent vouées au génie du mal. Nous étions bien loin de cette Arcadie que nous célébrions naguères ; les mœurs étaient devenues farouches ; plus de fêtes villageoises, plus de ces légendes innocentes qui charmaient autrefois la veillée. Nous avons vu d'anciens donjons qui étaient restés intacts au milieu des ruines de la féodalité, rendus à leur ancienne destination de refuge dans les calamités civiles ; et notre Vocabulaire en était réduit à inscrire à côté des *pastoureaux* et des *cottereaux* du moyen-âge, des *Anglais* de Sainte-Sévère, les *meneux de loup* du socialisme parcourant les champs et les bois pour y organiser sous le nom de *la Marianne*, une nouvelle jacquerie, la grande et la petite *tuerie!* (2)

En quò discordia cives,
Perduxit miseros! (3)

Nous répétions alors aussi avec la satire Ménippée ce gémissement de nos pères au temps de la Ligue : « O mémo-
» rable fête des barricades! que tes féries et tes octaves sont
» longues! »

Cependant le temps s'était remis au beau, et le Berrichon était rentré dans ses habitudes paisibles ; le Vocabulaire avait été remis sur le métier. Lorsque nous avions commencé à traiter sérieusement ce sujet, nous n'avions pas tardé à sentir l'insuffisance de nos connaissances préliminaires. On a beau avoir fait sa rhétorique sous M. Villemain, et même repris

(1) *De morbo democratico novâ insaniæ formâ*, thèse médico-politique soutenue à Berlin, en mars 1850.
(2) La *décurie* et la *centurie* des Sociétés secrètes.
(3) Virgile, *Égl.* I, v. 72.

trente ans après avec bonheur ses études classiques à la Sorbonne avec le savant M. Patin; lorsqu'on se trouve en présence des questions les plus variées, souvent ardues, de la philologie et de la littérature, et qu'il s'agit de les exposer avec précision, même d'en proposer la solution, on est troublé et l'on hésite à s'élancer comme il le faudrait au plus épais de la mêlée des érudits. On ne s'était proposé d'abord qu'un agréable passe-temps, et voilà qu'on tourne au bénédictin ! Qu'allait devenir pendant ce temps notre cher herbier ?

Ce fut alors que des encouragements nouveaux et fort précieux nous furent adressés par deux habitants de l'Indre (1), aussi instruits que modestes, qui encouragés, disaient-ils obligeamment, par l'apparition de notre première édition, avaient, chacun de son côté, étendu leurs investigations dans le même but. Une correspondance s'établit bientôt entre nous, et il me fut donné de partager amplement leurs récoltes, de m'éclairer de leurs ingénieuses remarques Il en résulta une révision faite en commun de tous les mots anciennement et récemment recueillis. Beaucoup étaient rejetés, un grand nombre rectifiés par une orthographe plus conforme à l'étymologie (2), illus-

(1) M. de la Tremblais, alors sous-préfet à la Châtre, et M. Laisnel de la Salle, à Cosnay près la Châtre. Le second a publié dans le *Moniteur de l'Indre*, d'octobre à décembre 1853, une série d'articles intitulée : *De quelques traditions, préjugés, dictons et locutions populaires de l'arrondissement de la Châtre*. La plupart de ces notions intéressantes nous avaient été communiquées dans le cours des années précédentes, et nous en avions, dès cette époque, extrait tout ce qui pouvait être utile à notre travail.

Nous saisissons cette occasion de rappeler les obligations que nous avons à l'un des principaux collaborateurs de la première édition, M. Duchapt, conseiller à la Cour impériale de Bourges. Nous lui devons une bonne partie des citations empruntées alors à la littérature des XVe et XVIe siècles, où il est assurément beaucoup plus versé que nous.

(2) Exemples :

Orthographe de la première édition : *Ariot, gniau, langout, girie, talle, liette, annehuy, téteau, p'son*, etc.

trés, comme disaient les commentateurs d'autrefois, par des citations ou des rapprochements historiques, ou même des légendes, des détails de mœurs, dans le système, qui avait été approuvé, de la première édition.

C'est ici le lieu de rappeler, en les complétant, les règles générales plus ou moins empruntées à notre première édition, et qui ont présidé à la composition de la seconde.

Notre plan primitif s'était successivement élargi ; le Vocabulaire avait englobé dans sa circonscription quelques cantons voisins, suivant le texte même de son titre, empiétement assez justifié par les analogies de langage qui nous conviaient, pour ainsi dire, de toutes parts à franchir nos limites originaires. Nous n'avions pu d'ailleurs résister au plaisir de faire connaître, sous le rapport qui nous occupait, certaines contrées d'une physionomie particulière, le Morvand, par exemple, dont M. Dupin, l'un de ses enfants et le plus célèbre, vient de tracer la description (1) d'une main qui tantôt dirige avec vigueur une plume savante, et tantôt se joue avec le pinceau de Téniers.

Il n'était guère plus possible d'assigner au Vocabulaire des limites géographiques bien tranchées, qu'il ne l'est d'en trouver, par exemple, à une flore locale, où tant d'espèces d'origines différentes se sont donné en quelque sorte rendez-vous, où les traits généraux eux-mêmes de la végétation sont empruntés de proche en proche à d'autres pays. La géologie seule réaliserait peut-être l'idéal des frontières naturelles ; car elle a fait ressortir avec évidence les rapports qui existent entre la nature et la configuration du sol, d'une part, et les conditions physiques et morales de l'existence de ses habitants,

---

Orthographe rectifiée : *Ariau, niau, l'angoust, gyrie, thalle, lyette, enhuy, tétaud, besson,* etc.

Boire et *bouère* peuvent s'écrire indifféremment l'un pour l'autre.

(1) *Le Morvand*, par M. Dupin, petit in-12.

d'autre part : lien mystérieux à beaucoup d'égards, qui ne pouvait manquer non plus d'embrasser le langage, cet instrument divin de la destinée humaine.

Sans vouloir porter ces idées à un degré de précision dont elles ne sont peut-être pas susceptibles, nous constaterons seulement que les anciennes provinces de la France, surtout les diocèses, répondaient d'avance aux contrées naturelles des géologues. Le tracé naturel se retrouvait jusque dans le détail des sous-provinces, si nous pouvons nous exprimer ainsi, et nous citerons, par exemple, aux environs de Paris le Hurepoix, le Parisis, le Gâtinais. L'esprit niveleur de la révolution a tout changé, et le lit de Procuste est devenu l'emblème de la division si vantée des départements.

A notre point de vue, nous reconnaissons le caractère d'une contrée naturelle à ce grand pays du Centre, borné à l'est par la crête du Morvand, au sud par les dernières ramifications des montagnes de l'Auvergne et de la Marche, au nord par la Loire, à l'ouest par le Poitou et la Touraine. Cette dernière limite est la moins tranchée, puisque, par les vastes plaines de l'Ouest, nous touchons au pays classique de Rabelais.

Dans ces limites, il n'est pas impossible de distinguer dès à présent comme des dialectes correspondant encore à des contrées naturelles. Ce sera : 1° au rebours de l'orographie ordinaire, qui, dans ses divisions, procède en partant de la source des fleuves, le haut Berry, correspondant à la bande relevée du terrain crétacé et dont la capitale est Sancerre : ses seigneurs s'intitulaient princes du haut Berry; 2° le bas Berry, relevant de l'antique juridiction d'Issoudun, avec son petit pays de La Châtre et surtout sa Vallée noire, dont les naturels, dit un de nos collaborateurs (1), sont, à l'instar des

(1) M. Laisnel de la Salle.

Bretons-Bretonnants, les *Berrichons-Berrichonnants*; si jamais, dit-il encore, le besoin d'ériger une chaire de notre idiome se fait sentir, on ne pourra guère la fonder ailleurs qu'à La Châtre ; 3° le plateau calcaire dont notre belle cathédrale de Bourges domine l'étendue assez triste ; on en reconnaîtra partout les habitants à leur parler traînant ; 4° le Bourbonnais, qui se prolongeait autrefois comme province au pied des falaises de ce plateau jusqu'à Meillant et jusqu'à Nérondes, pays plus accidenté, population plus remuante, sauf dans les parties sablonneuses entre la Loire et l'Allier, qui ont de l'analogie avec la région suivante ; 5° la Sologne, contrée bien caractérisée dans les trois départements qui s'en sont partagé les lambeaux ; 6° le Nivernais, y compris le canton de la Guerche dans le Cher, qui faisait jadis partie du diocèse de Nevers : c'est toute la contrée calcaire qui va s'appuyer sur les terrains primitifs du Morvand ; 7° enfin, le Morvand, pays de bois et de rochers, espèce de Vosges du Centre sous le rapport pittoresque, à la population rude et laborieuse.

Un jour peut-être, pourvu qu'on ne tarde pas trop, il sera possible de caractériser plus nettement les dialectes de ces sept contrées, et d'assigner à chacune d'elles, à l'exemple des flores locales, une certaine quantité de mots, de locutions qui, en effet, leur sont particulières. En attendant ce perfectionnement, qui pourra résulter d'une étude prolongée et d'un système de contrôle mieux combiné dans les recherches, nous avons, toutes les fois que nous avons pu asseoir notre opinion à cet égard sur des documents suffisants, indiqué la provenance du mot, suivant qu'il est de l'est ou de l'ouest, par exemple, de notre circonscription, ou même d'une localité plus restreinte. Ainsi, nous avons eu soin de prévenir que les adjectifs *caffe* et *solage,* qui signifient l'un et l'autre *dépareillé,* et s'appliquent ordinairement aux bœufs d'attelage, *murgée* et *chinon* (tas de pierres dans les vignes), sont usités, les premiers en Nivernais, les seconds dans l'Indre. Ainsi encore, les mots si bien tournés d'*arantèles*, *aranteler*, et *irantèles*, *iranteler* (toile d'araignée, ôter les toiles d'araignée), se disent, les premiers dans l'Ouest, les seconds dans l'Est.

Après avoir ainsi déterminé le champ de nos observations, quelques principes ont été posés d'après lesquels nous avons procédé.

Avant tout, nous avons reconnu que le principal mérite d'un pareil travail gisait dans l'exactitude des indications, dans ce que l'on pourrait appeler l'*authenticité*. Elle résultait pour nous de deux conditions : l'une, que le mot fût réellement en usage chez nous ; l'autre, qu'il ne fût pas revendiqué par la langue française, représentée par l'Académie. La première condition a dû être directement constatée par nous, ou attestée par des hommes dignes de foi, questionnés *ad hoc*. Pour eux comme pour nous, c'était cas de conscience, et chacun était pénétré de la responsabilité qui pesait ainsi sur lui : mais c'est à nous qu'incombait le devoir de n'accepter leurs indications que sous bénéfice d'inventaire : c'est ce que nous avons fait dans la circonstance suivante. Il avait été fait dans la littérature un certain abus de l'idiome berrichon ; le coupable est un grand écrivain, notre compatriote, que nous avons appelé ailleurs, avec justice, l'héritier direct de Rousseau et de Bernardin de Saint-Pierre. George Sand avait révélé le Berry aux salons de Paris, et s'était aperçu qu'il y avait dans notre langage une veine assez riche à exploiter ; il a mis alors en circulation des pièces très bien frappées sans doute, mais qui n'étaient pas toujours de bon aloi. Plus d'un Berrichon a pu s'étonner alors que sa province eût tant d'esprit. Non content de tresser des couronnes avec nos fleurs des champs, George Sand y a mêlé plus d'une fleur artificielle ; il a imité avec beaucoup d'art sans doute, la plante naturelle dans son port, dans ses teintes; mais lorsqu'on y regardera de près, on découvrira toujours et l'espèce du tissu, et la main de l'habile ouvrière. Nous nous sommes tenus en garde, nos correspondants et nous, contre de pareilles séductions.

En second lieu, nous avons déclaré que tout mot dont l'existence chez nous était avérée et qui ne figurait pas dans le Dictionnaire de l'Académie (édition officielle, Firmin Didot, 1835), était, sauf révision, apte à prendre place dans le Vocabulaire. Nous enregistrons aussi, bien entendu, tout mot français qui reçoit chez nous une acception autre que celles qui sont relatées par l'Académie. Mais comme il n'est pas de règle sans exception, nous croyons nous conformer à l'esprit général du Vocabulaire, en reprenant les mots stigmatisés par elle comme vieux et à moitié morts ; nous en faisons revivre plusieurs dans nos colonnes.

En outre, nous réparons, de temps à autre, certaines omissions du Dictionnaire qui peuvent paraître incroyables ; par exemple, celle du mot *attarder*, qui est toujours resté français et fort usité. Depuis que l'Académie travaille à la révision de la lettre A, précisément celle à laquelle *attarder* appartient, elle a eu le temps de s'apercevoir qu'il avait manqué au dernier appel. En attendant, comme il circule de tous côtés chez nous sans passeport régulier, nous le déclarons de bonne prise, et nous le tiendrons séquestré dans le Vocabulaire tant que l'Académie ne l'aura pas revendiqué légalement par la publication d'une septième édition de A jusqu'à Z. Le mot *éduquer*, resté français, quoique dans le genre familier, a été également négligé par le Dictionnaire de l'Académie; son étymologie latine est pourtant bien belle et remarquable par son analogie même avec celle d'*élever* : *educere*, retirer de l'ignorance, ennoblir l'âme et l'esprit: *Sursùm corda* !

Si, des simples omissions, nous passons aux pertes effectives, l'Académie regrettera sans doute aussi de ne plus accoler à ses mots simples une foule de composés et de dérivés qui nous sont restés. Nous ne citerons ici que les mots : *détemser;* le cardinal de Retz a écrit que les Parisiens n'aimaient pas à se *désheurer* : l'un vaut l'autre ; — *démarcher, baller, angoisser*. Nous n'en n'avons pas moins conservé les mots simples dont le français ne possède plus que les dérivés : par exemple, *friler, douler, brocante, essart, charpis, penilles, viron, emparer*. Sous ces deux rapports, l'avantage reste au berrichon. On peut dire aussi qu'en général il se distingue par la variété de ses acceptions.

Deux écueils principaux sont à éviter dans une publication comme la nôtre. L'un consiste dans l'admission imprudente de mots qui sont communs à d'autres régions de la France, au point de dégénérer en une sorte d'argot ou en un langage si vulgaire qu'il a perdu toute espèce de mérite. Il faut pourtant bien, puisque le mot est passé dans l'usage, en tenir compte, à moins qu'il ne soit directement issu des faubourgs de Paris : cette appréciation exercera le tact du collecteur. Nous avons d'ailleurs dressé par extrait une liste approximative de ces sortes de mots (1). Le lecteur pourra, à volonté, les garder ou les retrancher.

Le second écueil, bien plus dangereux, et nous l'avons signalé dès l'origine, est dans l'invasion de la cacologie. C'est ici que nous avons eu besoin d'agir avec scrupule et discernement. Je ne parle pas de ces mots manifestement corrompus par les cuisinières, tels que *casterole, colidor, oremoire*, et qui discréditeraient dès l'abord le glossateur assez mala-

---

(1) Voici cette liste dans l'ordre alphabétique : *Agoniser, bouzin, brosse, cachotier, cassine, chenu, damer, débine, débouler, décaniller, décarémer, décesser, dégeler, dégouliner, déluré, démonté, embrouillamini, estomaqué, faire l'en l'air, faraud, faquin, fiston, fouailleur, fouiner, frimousse, fricot, gabegie, gifle, gyrie, machin, minable, pif, poulot, roulée, vieux.*

droit pour les ramasser ; mais il en est d'autres sur lesquels
il pourrait s'élever un doute plus légitime, et que la sagacité
du critique doit pourtant écarter aussi. Nous pourrions citer
beaucoup d'exemples d'éliminations de ce genre que nous
n'avons pas hésité à opérer.

Il faut bien se garder toutefois de proscrire comme vicieuses et indignes de figurer dans le Vocabulaire, des formes en apparence capricieuses, et qui, en réalité, se rattachant par un fil plus ou moins délié à des règles inhérentes à l'idiome lui-même, contribuent à former son caractère propre. Il arrive même souvent que le mot à examiner, au lieu d'être une altération du français, est le vieux français lui-même, que l'imprimerie a rebuté, mais que la prononciation a conservé ; par exemple : *montouer, mouchouer, bouète, enguayrer, guarir, giter*, et même *cercher*, employé par Henri Estienne, ce conservateur ardent de l'ancienne langue française.

Quant aux règles auxquelles l'idiome obéit, pour ainsi dire, à son insu, et avec une fidélité remarquable, nous en citerons plusieurs, telles que le retranchement, l'addition des lettres ou même des syllabes, leur substitution, l'interversion.

Le retranchement des lettres est fréquent : *lyette, chemie, couain, pier, baliure;* mais moins méthodique assurément que celui des syllabes, qui a lieu surtout dans les verbes, *lairra,* il *méra, répond* pour *répondu, ardez* pour *regardez ;* et par contraction, *tinra* pour *tiendra, fions* pour *faisions, nourrions* pour *nourrissions*. C'est spécialement dans les verbes indiquant une réaction, que le retranchement ou la contraction atteignent leur maximum : *débiller* pour déshabiller, *déloper, dépaissir, dennuyer*. Ici c'est le berrichon qui a la tournure svelte, et le français semble ne marcher qu'avec des béquilles.

L'addition n'est en général guère moins raisonnée : quelquefois elle a pour but de rattacher plus sûrement le mot à l'idée qu'une addition semblable exprime en français. Par exemple, le français possède *disjoindre*, *distinguer*, *disperser*. Le berrichon avait remarqué que la syllabe *dis* impliquait la séparation, et il appelle *dispartie* la limite entre deux héritages. Le plus souvent, l'addition a pour but l'euphonie, bien comprise dans *aga n'en donc*, il faut *que ça l'aille*, je *m'en y vais*, pour éviter les hiatus ; plus contestable dans *boun'houme*, *grout'orge*, où l'on sent je ne sais quelle rondeur qui n'est pas déplaisante ; l'euphonie mignarde, par l'emploi de la lettre *h* aspirée, et qui est fréquente à Bourges : on y dit par exemple : Il ne faut pas nous *hen aller* les *huns sans les hautres !* — l'euphonie encore au moyen de l'addition de la même lettre aspirée, pour marquer l'admiration : *hunorme ! hinmense !* pour *énorme*, *immense* : le berrichon réunit ici l'interjection et l'adjectif par une sorte d'onomatopée.

Le retranchement et l'addition sont ingénieusement combinés, par le sentiment de l'euphonie, dans les applications de nos mots *anc*, *anvé*, *anvec*, qui tous ne signifient pas autre chose que la proposition française *avec* : nous disons *anc* elle, *anc* et lui, *anvec* elle, *anvé* lui.

La substitution fréquente de lettres ou de syllabes paraît n'être assujettie à aucune règle. La substitution de la voyelle *a* à la voyelle *e* se fait pour ainsi dire *ad libitum*, et se marque d'une manière saillante dans les mots *abaupin*, *ébaupin*, généralement employés chez nous pour le vieux mot français *aubespin* de Ronsard (1), remplacé dans le langage moderne par *aubépine*. Les diphthongues *oi* et *ou* se remplacent aussi l'une par l'autre ; ainsi nous avons à la fois *oizille* et *ouzille*, *ouzillière*, *noisille* et *nousille*, *nousillière*.

Sur la foi des auteurs comiques, on a dit que le changement du *b* en *v* était constant chez les Gascons, et l'on a

---

(1) Voir page 19 ci-après.

interprété dans ce sens le mot de Scaliger sur l'heureuse confusion qui existerait pour eux entre *bibere* et *vivere* (1). Mais, au contraire, c'est le *v* qui le plus souvent cède la place au *b*. Nous trouvons chez nous plus d'un vestige de cette tendance ; comme dans *barré* et *bure*, tous deux dérivés de *vair*, qui lui-même est le *varius* du latin ; on peut même, mais il y a doute, poursuivre la transformation jusqu'au *g* dans *garou* (de loup garou). Au contraire le *g* originaire du *gyrus* latin devient un *v* dans *viron*, qui a exactement la même signification de : tour, détour. Ces déductions paraîtront peut-être hasardées ; mais depuis que nous avons appris que *jour* venait de *dies* en passant par *diurnus* et *giorno*, nous sommes de meilleure composition en fait d'étymologie.

On peut aussi rapporter à une sorte de caprice rustique les interversions telles que *migrace*, *suplice* ; mais si sur ce chapitre des substitutions et interversions il n'existe pas de règle proprement dite, on ne peut encore ici méconnaître cette recherche générale de l'euphonie que nous avons signalée plus haut, et qui fait presque toujours remplacer la consonne dure par la douce, comme dans *citre*, *vacabond*, *fatique* et *fatiqué*, ces deux derniers mots tout italiens, exprimant invariablement la maladie, et non pas la lassitude, suite du travail ou de la marche. Ou bien encore la syllabe dure est remplacée par une syllabe mitigée : ainsi *tre*, *dre*, *bre*, *cre*, dans *tresser*, *dresser*, *bressiller*, *cressiller*, font le plus souvent *ter*, *der*, *ber*, *cer* (se prononçant *quer*) dans *terser*, *derser*, *bersiller*, *cersiller*, etc.

Puisque notre sujet nous a conduit naturellement aux singularités de notre prononciation, nous en rappellerons une qui porte sur un assez grand nombre de mots, et, cette fois, ne satisfait guères aux exigences de l'euphonie. La première

---

(1) *Felices populi quibus vivere bibere est.*

syllabe de *même*, *mêmement*, *mépris* (du verbe se méprendre), *ménage*, *gagner*, *Jeanne*, *Jeannette*, *panner*, *animau*, se prononcent d'un son à la fois traînant et nasal, par une addition tacite de la lettre *n*, *mainme*, *mainpris*, *mainnage*, *Jean-nette*, *an-nimau* : ceci est tout à fait caractéristique du pur Berry. Par compensation, sans doute, autant le Berrichon s'est alourdi dans les exemples précédents, autant il est bref, et comme résolu, dans *magner*, je te *magnerai*. Ces bizarreries de prononciation nous ont déterminé à admettre dans le Vocabulaire les mots où elles se manifestent.

Mais il est un trait essentiel qui rapproche notre idiome de ceux de la langue d'Oc; nous n'avons pas manqué de le signaler dans la préface de notre première édition. C'est l'emploi fréquent de l'*l* mouillée, sujet de tant de dissertations et de subtilités parmi les grammairiens (1). Nous avions bien eu le sentiment de cette délicatesse indéfinissable de la prononciation, en disant que le *gl* se mouillait à l'italienne ; mais, d'une part, nous aurions dû mentionner aussi le *cl*, comme dans *cliairdie*, le *fl*, comme dans *flabe*, et même le *pl* dans *pleume* ; d'autre part, nous risquions de donner une fausse idée de ce son en disant qu'il se mouille, de manière à passer pour ainsi dire à l'*y* : c'était retomber, par cette dernière indication, en plein patois parisien. Notre prononciation de l'*l* mouillée est parfaitement pure : un Romain ne la désavouerait pas.

« La grammaire, qui sait régenter jusqu'aux rois, » est, comme chacun sait, l'art qui enseigne à parler et à écrire correctement. Si le Berrichon se montre parfois rebelle à la grammaire française, c'est qu'il en possède une autre : il a son

---

(1) *Grammatici certant et adhuc sub judice lis est.*
HORACE. *Art poét.*, v. 78.

Aux mots cités dans la note 1 de la page 10, 1re édition, ajoutez *aigle, déclairer, épingle, étrangler, flaber, glu, gland, onglons, sangle, sanglier, seigle.*

autonomie. Nous avions cité précédemment un certain nombre de substantifs féminins en français, et que le berrichon a ennoblis en les faisant passer au genre masculin ; nous ajouterons ici *fouin* et *faulx*. En ce qui concerne l'emploi du nombre, c'est toujours avec un nouveau plaisir que nous constatons ce fait : en dépit de la grammaire française, et tout au rebours de ses lois, le Berrichon continue à dire imperturbablement et méthodiquement un *chevau*, des *chevals* ; un *bestiau*, des *bestials* ; un *animau*, des *animals*. Si cette interversion de personnes n'avait lieu qu'accidentellement, elle pourrait être critiquée, même exclue du Vocabulaire ; mais c'est un système suivi dont il faut tenir compte, d'autant plus qu'il ne s'applique qu'aux quadrupèdes, sauf, dans le singulier *un maréchaud*, assimilation qui s'explique encore par la profession même de cet ouvrier.

La série des pronoms se trouve accrue ; *qual*, *quall'qui*, marquent certaines nuances démonstratives ; *zou*, *lou*, employés dans l'Ouest, sont remarquables en ce qu'ils y sont restés comme un dernier vestige du genre neutre des Latins, qui manque à la langue française. Ce qui complète la singularité, c'est que les habitants du reste de notre circonscription sont plus enclins à étendre les pronoms, masculin *lui*, féminin *elle*, et *soi*, qui est des deux genres, à des applications d'où le français, par une réminiscence du neutre, se tire souvent par le vague du démonstratif *cela*. Demande : Est-ce bien là le chemin de la ville? Réponse : Oui, c'est *soi*.

C'est surtout dans la conjugaison des verbes que le génie berrichon s'est donné carrière, non pas qu'il se livre à un caprice désordonné ; tout au contraire, c'est une végétation tantôt luxuriante, et tantôt comme mutilée, mais qui obéit toujours dans ses retranchements et contractions de lettres et de syllabes, surtout dans ses additions, à une certaine symétrie, à une loi secrète de conformité avec la racine. Ce caractère ressort de l'espèce de catalogue que dans notre première édition nous avons dressé de ces sortes de modifications, et rangées dans l'ordre des temps du verbe. Nous en ajoutons ici en note quelques-unes (1), comme supplément d'échantillons : mais le Vocabulaire n'a pu s'astreindre à en rapporter les nombreuses applications. Nous insisterons seulement ici sur la prédominance constante de certaines voyelles dans plusieurs temps du verbe, dont elles sont comme l'apanage : c'est l'*i* dans le prétérit défini : *mangit, voulit, tombit*, (comme dans la chanson si connue du compère Guilleri) ; c'est l'*i* encore dans l'imparfait, non pas seulement de l'indicatif, où l'*i* est normal (et en même temps adouci dans les mots français, *voulaient, mangeaient*), mais encore du subjonctif, au développement souvent fantastique, *mangissions, voulissions, mettissions ;* c'est l'*u* dans le participe, *naissu, plaignu, gémissu ;* — et cette prédominance, on le voit, se soutient, quelle que soit la terminaison normale de l'infinitif.

Nous avons continué à recueillir les noms techniques, mais en même temps vulgaires, tels que les noms de plantes, les termes de forges. Pour les premiers, il y aurait sans doute à puiser encore dans l'excellente Flore du centre de la France par notre ami M. Boreau. Ici l'Académie ne nous gêne pas, à quelques exceptions près, le mot de *lambruche*, par exemple, qu'elle a accaparé, séduite sans doute par la strophe de Ronsard.

---

(1) (*Indicatif présent.*) Je seu, ou je sis, nous fions, vous fasez, vous disez. — (*Imparfait.*) Ils *disint* (contraction de ils disiont), *viquint.* — (*Prétérit défini.*) Il *vissit*, il *mangit*, il *tombit*, il *voulit*, il *changit*. Nous *prenimes*, nous *pipimes* — (*Subjonctif présent.*) que j'asse, que j'assons (pour ayons), que je nous nourrins. — (*Imparfait du subjonctif*) Que je *mangissins*, que je *mettissins*, qu'ils *voulissint* ou *voulissent*, qu'ils *prenissint*. — (*Participe.*) *Repond* ou *reponnu, pond* et *ponnu, naissu, plaignu, gémissu*, etc., — (Futur), je *darai*, nous *darons*.

> Bel aubespin fleurissant,
> Verdissant
> Le long de ce beau rivage,
> Tu es vêtu, jusqu'au bas,
> Des longs bras
> D'une *lambruche* sauvage.

La vigne cultivée se trouvera représentée par presque toutes ses variétés ; l'eau en viendra à la bouche à nos lecteurs. Le noyer, le chanvre, sont aussi des richesses de notre sol : ces végétaux et leurs produits, à divers états de maturité ou de préparation, donnent lieu à une abondance de termes qui ne se rencontre peut-être dans aucune autre province. Ceux du chanvre, à la vérité, ont tous pour point de départ le *ch ;* le noyer au contraire s'étend au travers de toutes les lettres de l'alphabet.

Le règne animal, en ce qui intéresse journellement les habitants de la campagne, donne lieu à une observation analogue ; nous l'avions déjà mentionnée : il y a huit mots au moins pour exprimer le dernier-né d'une portée ou d'une couvée, *boiquat, chacrot,* etc., et le part dans chaque espèce de quadrupède a son expression dérivée du nom de l'animal lui-même. Ainsi on dit pour le chien, *chienner ;* chat, *chatonner ;* cochon, *cocheter ;* quant à la chèvre, sa fécondité est célébrée par cinq mots : *biquionner, chevroter, chevriller, chigoter* et *cabiner.*

Quant aux termes de forge, ils devaient abonder dans une contrée en tout temps renommée pour ses fers. Nous n'avons pas encore tout rassemblé dans ce genre, mais nous nous proposons de le faire, et nous aurons pour cela de grandes facilités, en notre qualité de *cousin de la Gueule noire* (1).

---

(1) Se dit de toute personne occupée ou intéressée dans l'industrie des forges.

Contentons-nous pour aujourd'hui de remarquer que plusieurs de ces termes nous sont arrivés d'Allemagne avec les perfectionnements qu'ont reçus les hauts fourneaux. Il en est ainsi de *varme*, de l'allemand *warm*, chaud, *wärme*, chaleur; de *dame*, dont le Berrichon goguenard a rapproché le *gentilhomme*, mais qui en réalité n'est pas autre chose que le mot allemand *damm*, signifiant barrage; enfin, de *gueuse*, lingot de fonte, qui vient de *giessen*, fondre : le forgeron bergamasque dit de même : *giessa*.

Il ne faut pas cesser de donner une certaine attention aux noms de lieux ; on y trouvera souvent des traces précieuses pour l'histoire : notre ancien collègue de l'Eure, M. Leprévost, les a suivies dans son département avec une rare sagacité. Nous avons relaté ce qui nous a paru curieux dans ce genre, toutes les fois que nous étions averti par une dénomination significative, et à défaut de documents précis, nous avons hasardé quelques conjectures. *Saint-Gris* nous a arrêté d'autant plus longtemps, qu'il est plus voisin de notre habitation de la campagne. Si quelqu'un de nos lecteurs est en mesure de nous fournir à cet égard des renseignements, nous lui en serons reconnaissant.

Un très-grand nombre de noms de famille ont été originairement des sobriquets, ou, comme nous disons en Berry, des *sornettes*. La dernière récolte que nous en avons faite est curieuse : elle confirme le caractère rabelaisien que nous avions assigné dès le principe à notre idiome. La communauté des *Jault*, cette société civile de biens, entre les individus mâles d'une famille, et qui subsistait encore tout récemment en Nivernais, a été l'objet d'une notice intéressante, à tous les points de vue, de M. Dupin. Nous avons interprété *Carimantrand*, c'est une facétie de carnaval; *Cottereaux*, *Mercadier*, *Pastoureau*, *Brabançon*, souvenirs des désastres du moyen âge (1); et nous avons entendu, jusque dans les noms donnés aux animaux, celui de *Mazarin*, par exemple, pour les chevaux de bât de nos forêts, un retentissement comique des préventions qui s'attachent avec ténacité aux pauvres ministres.

Tantôt les sobriquets proprement dits, et restés tels, sont appliqués à des individus : *Jean qui se tue* pour un ouvrier dur au travail ; au contraire, *Brouette*, pour un ouvrier qu'il faut toujours pousser ; *Barre les rues* pour un ivrogne ; *Poulet russe*, *Charisson*, pour les gens hauts sur jambes, etc.; ou bien à une collection d'habitants, comme en français les *badauds*, les *crotes* de Paris ; en Angleterre, les *cockneys* de Londres ; en Italie, le *baggiano* des Lombards (2). Nous en avons relevé plusieurs hors de notre province, à titre de rapprochement : les *flutiers* de Poitiers, les *bagauds* d'Angers, les *danseurs* et les *guépins* d'Orléans. Dans notre circonscription même, les suivants surtout ont été enregistrés : les *grecs* de Neuvy, les *essorillés* de Mouhers, les *glorieux* de Transault et ceux d'Issoudun, et les *colidons*, sobriquet spécial des bourgeois de cette dernière ville. Faisons ici une mention spéciale des *Anglais de Saint-Sever*, punition trop prolongée de cette ville aujourd'hui bonne française, mais qui, lors de nos guerres contre l'*Anglais*, compta plus d'un transfuge de la cause nationale : un lieu voisin, où s'élevait jadis un gibet et qui a aussi conservé jusqu'à nos jours un sobriquet, celui de *Monte-à-regret*, fut le théâtre de la vengeance exemplaire que du Guesclin tira de la trahison.

Les observations qui précèdent ont déjà fait passer sous nos yeux un bon nombre d'expressions originales, acquises désormais au vocabulaire, véritables joyaux de la collection, que nous y avons soigneusement enchâssés. On avait assez

---

(1) Voyez les Recherches historiques et archéologiques sur la ville d'Issoudun, par M. Pérémé, 1847.

(2) Voyez les *Promessi sposi* de Manzoni.

généralement trouvé dans la première édition, que le berrichon passait d'assez bonne grâce du grave dans *apâmir*, au doux dans *calinette* et *couteyer* ; du plaisant dans *chien frais*, au sévère dans *fortuner*; du bucolique dans *aramer*, au burlesque dans *coffignau*. On jugera sans doute que sous ce rapport encore le mérite de notre idiome se soutient. La plupart des tropes de la rhétorique nous fournissent un nouveau tribut : la métonymie, dans *chemin égaré, brûler la rivière;* l'antiphrase, dans la *charmante* ; la métaphore, dans *écurie* et *charrettes brisées, éclairer des yeux, écrevisser*, et *neutre* employé métaphoriquement dans le sens d'improductif relativement au travail ; la synecdoque ou l'antonomase, dans *vendre sa vigne;* l'hyperbole, souvent la plus comique, dans les jurons, dont l'ancienne liste s'est grossie (1); et tant d'autres figures expressives. Ce serait un travail curieux que de rapporter, l'ouvrage de Dumarsais à la main, toutes les expressions figurées du berrichon aux tropes correspondants. M. Jourdain ne faisait sans le savoir que de la prose ; chez nous, c'est presque de la poésie.

De tout ce travail auquel nous nous sommes livré, il est résulté un supplément de 2,600 mots environ, qui, selon nous, sont dignes d'être inscrits dans le Vocabulaire. A chacun de ces mots nous avons joint, comme dans la première édition, une explication et des exemples propres à le faire comprendre dans ses acceptions souvent divergentes (2). Il a fallu, en outre, indiquer leur concordance et les rapports variés qu'ils pouvaient avoir entre eux. Cette partie de notre travail, si elle a été instructive, n'a pas été la moins difficile ; encore craignons-nous d'avoir omis plus d'un renvoi qu'il aurait été utile de faire d'un article à un autre.

(1) Voy. la 1ʳᵉ introduction, page xiii, note 2.— Ajoutez : *extermine, brûle, pile, étripe, tortille.*
(2) Exemple : *emparer.*

Les citations d'auteurs que nous avons placées dans les notes à l'appui de nos mots se sont également multipliées, et nous espérons que le lecteur nous en saura gré. Elles tendent à éclairer le sujet et à en corriger l'aridité. Nous y avons fait même figurer des fragments de notre poésie locale, tels que la *Chienne garelle* et le *Petit garçonniau*, deux tableaux du genre pastoral; mais nos rhapsodes de campagne n'ont que des cantilènes fugitives, et le Berry attend encore son *Jasmin*, pour assortir des paroles à la touchante mélodie de nos laboureurs (1). Et pourtant, à d'autres époques, notre Berry n'a pas manqué d'un certain renom littéraire. Le poëte Habert a dit de la ville d'Issoudun :

> Qui de savoir n'est pas déshéritée,

c'était son pays; et il ajoutait malicieusement, en vue sans doute de la capitale du Berry :

> Issoudun, notre ville petite,
> Qui de savoir plus grand qu'elle dépite.

Au XVIe siècle, en effet, une société polie s'était formée à Issoudun, à l'abri de la grosse tour et sous l'influence royale des deux Marguerite de France, tandis que Bourges était le siége d'une savante université. Qu'une émulation généreuse anime donc tous les enfants du Berry pour rendre à leur vieille province quelque chose de son ancien éclat. Ranimons-y le goût des lettres, trop négligé de nos jours. Sachons faire aux soins de l'intérêt privé, aux combinaisons de l'industrie une part telle, qu'il reste encore du temps pour l'étude désintéressée, pour les plaisirs intellectuels.

Cet heureux mélange de travaux, une société d'hommes

---

(1) Ce sujet des poésies populaires a été traité excellemment, en 1853, par M. Rathery, dans une série d'articles insérée au *Moniteur*, et par M. Ampère, dans une instruction émanée du ministère de l'instruction publique.

éclairés se l'est proposé pour le département de l'Indre en particulier; ils se dérobent périodiquement au tumulte des affaires pour conférer, sans prétention, chez l'un d'eux, de tous les sujets qui peuvent intéresser leur pays, contribuer à sa prospérité, et lui faire honneur : leur institution a déjà porté des fruits. Associé comme voisin à leurs efforts, et par un choix qui nous honore, puissions-nous aussi, par notre essai sur l'idiome de notre Berry, avoir, dans une certaine mesure, bien mérité de la patrie commune!

www.ingramcontent.com/pod-product-compliance
Lightning Source LLC
Chambersburg PA
CBHW060457050426
42451CB00009B/698